ΤΗΣ ΕΡΗΜΙΑΣ
ΚΑΙ ΤΟΥ ΣΚΟΤΟΥΣ

ΚΩΣΤΑΣ ΤΖΙΡΑΣ

ΤΗΣ ΕΡΗΜΙΑΣ
ΚΑΙ ΤΟΥ ΣΚΟΤΟΥΣ

ΕΚΔΟΣΕΙΣ ΣΤΕΓΗ

ΠΕΡΙΕΧΟΜΕΝΑ

I.

Το δέντρο

Να βλέπεις ένα δέντρο να γέρνει
και να μην μπορείς να κάνεις τίποτα
όχι γιατί δεν μπορείς
αλλά γιατί συνεχίζει

Να γερνάει με απρόσμενη νεότητα

Πηγάδι που υψώνεται
από την άβυσσο στον ουρανό
σε ένα καταρράκτη κεραυνών παραδομένο

Γεννημένο για κάτι άλλο
και κάτι του έμελλε.

Πόσες φορές ασήκωτα
τα μάτια του βαριά
για όσα δεν έγιναν
κι αυτά που δεν πρόκειται.

Γιατί έβλεπε
το μάταιο ενός ορίζοντα.

Την άνοιξη
που ερχόταν
τα φύλλα
που δεν έρχονταν.

Κι όμως ομόρφαινε.

Τα κλαδιά του
πλασμένα από αγνότητα
γύμνια
ομορφιά και θάνατο
πιο όμορφο από τους θανάτους

Δοσμένα ακραία
στο κάλλος
στο τέλος ενός κόσμου
έκπτωτου από την ρίζα

Κρυμμένα στο χώμα
χώμα στον ουρανό
χώμα που η γη δεν πάτησε.

Δέντρο
που το φλέρταρε ο ουρανός
κι η γη.

Αλλά δεν είχε χώμα τόσο ψηλά
ούτε γη τόσο χαμηλά
μόνο ομορφιά
που άφηνε.

Υψωνόταν
κι έβλεπε τα μέταλλα του βουνού
και του βουνού τα μέταλλα να λούζονται

Κι αυτός ο καταρράκτης κεραυνών
έσωζε
οδύσσεια πλημμύριζε
την έρημο
την μοναξιά
το έλεος.

Ψηλά έβλεπε
τα ίδια του τα μέλη
κλαδιά αλλοτινά
κλαδιά αλλοτινά
ακόμα και το χώμα
κι οι άλλοι φοβόντουσαν το χώμα

Την γη
τον ουρανό
τις ρίζες
τις άκρες
τα κλαδιά
τις άκρες, τις άκρες, τις άκρες
αυτό που το ύψωνε.

Κι ας είχε κορμό
Κι ας ήθελε να ανήκει αιώνια
σε ένα χωράφι

Να μπορεί να βλέπει τα βάθη
να το αγκαλιάζουν.

Όμως δεν έφευγε

από λουσμένα χωράφια
από χώμα θλιβερής δυστυχίας

Όλα σπαρμένα
με νερό πνιγμένο.

Έρημο

Στεκόταν στην άβυσσο
στον γκρεμό που περίμενε

Στην θύμηση
που δεν ησύχαζε.

Οι ρίζες, τα κλαδιά του
κοίταζαν πένθιμα
θρηνούσαν.

Ο κορμός του
δεν γινόταν χάδια
μόνο βορά σε έναν άνεμο
που εδώ και καιρό κρατούσε.

Δέκα μέτρα βήματα
σε ένα φθινόπωρο θανάτου.

Δεν περίμενε
πως θα χάνει
θα χάνεται
το ύψος του θα γκρεμίζεται.

Ότι τα κλαδιά του θα έτρεμαν
σαν χέρια
Οι ρίζες του θα λύγιζαν
σαν πόδια
Ο κορμός του
σαν διαθήκη.

Πως ζώντας
την ύπαρξή του θα θανάτωνε
χλωρά, ξερά
θα την έριχνε.

Γιατί υπήρχε
στην στοργή
στην αγάπη
στην μνήμη.

Αγαπούσε.

Κι η αγάπη του ήταν δύναμη
μέσα στις δυνάμεις.

Πλήρωνε
κάθε λεπτό
αυτό το ενδιάμεσο
που όλους μάς σκοτώνει

Την στιγμή που χανόταν
την ωραιότητά της
την λησμονιά

Για κάτι που δεν θα βρεθεί
δεν θα γίνει
δεν θα το δουν.

Ψυχή
που δεν της έδιναν
ούτε καν το ύστερο

Που το κουνούσαν
ενώ ακούνητο στεκόταν
με τόσες πληγές

Φορτωμένο
βαριάς ύπαρξης αβυσσαλέα κομμάτια
μιας γέφυρας που ένωνε
τη ζωή το θάνατο
το μετά.

Μόνο του
ασήκωτο
βαρύ

Σαν φάντασμα πέτρινο.

Ενώ ήταν
πλατύ
γεμάτο
ολόκληρο.

Κι αυτοί μικροί
σε τόσο μικρό παράθυρο

Και σκούριαζαν.

Ενώ έδινε
όσα είχε
ό,τι είχε.

Έδινε
τα πάντα

Για πάντα.

Κάθε μέρα
πρωί
βράδυ
έβλεπε
άκουγε
μίλαγε

Σε κόσμους κλειστούς
ξύπναγε
με ένα κενό που παραλύει.

Και τώρα, τώρα, τώρα
άλλη μια μέρα;

Όμως έμενε
εκεί
στην γη.

Δέντρο
αναγκασμένο στα έγκατα
ζωντανό στα έγκατα.

Τι δουλειά είχε εκεί;

Δεν ήξερε
πότε ο θάνατος θα σταματήσει
και πότε αρχίζει.

Δεν ήξερε
ότι ο θάνατος
ο πιο δύσκολος θάνατος
κρατάει και μετά.

Ήθελε να ζήσει
να ζήσει

Σαν εκκλησία άφαντη
που έτρεμε
λύγιζε.

Σαν έγκατα αγιοσύνης
μιας ύπαρξης μοιραίας

Ωραίας
όσο ωραίας
αλλά ωραίας
πάντα ωραίας.

Σε ένα βαρύ χειμώνα
η θυσία του θύμιζε
πως η ψυχή ακαριαία φεύγει
στο άπειρο
άπειρο τόσο κοντινό
όσο δύο στενά.

Κι έπεφτε
γιατί επέμεναν στο σκοτάδι
Οι άλλοι

Και το σκοτάδι
πόσο σκοτάδι
τόσο σκοτάδι

Οι άλλοι
επέμεναν στο σκοτάδι.

Αβυσσαλέα χαμηλοί
βαπτισμένοι ξένοι
αλλά ντόπιοι
σάπιοι, ντυμένοι στο ωραίο.

Γλένταγαν
ξέφρενα
λυσσασμένα

Σε έναν οίστρο
σκληρό σαν σκιά
Ψεύτικο
ακαριαία απελπιστικό.

Ψυχές γυμνές
σε ένα γυμνό χωράφι
σκόρπιες
που έριχναν τους τοίχους.

Τα παράθυρα χωρίς τοίχους
τι παράθυρα είναι;

Πεταμένα στο χώμα
σε κάποια γη
που γίνεται οικόπεδο
και μετά σπίτι
και μετά
δυστυχία.

Κι αν τους ζητούσε
τι θα έπαιρνε
σε έναν τόπο που γέμιζε
και το άδειαζε;

Με τόσο χώμα στη σιωπή
τόση σιωπή στο χώμα;

Δέντρο,
λιτό θα είναι το τέλος του κόσμου
σαν κηδεία
που οι άνθρωποι κλαίνε
χωρίς να ακούγονται.

Σε μια στιγμή
υπάρχεις
Σε μια στιγμή
χάνεσαι
Όλα
Σε μια στιγμή.

II.

Οι άνθρωποι

Οι άνθρωποι
μένουν χωριστά
κι είναι πάντα μαζί.

Σε τόπους
που τους περιμένουν
σε σπίτια φωταγωγημένα
σε πόλεις που δεν τελειώνουν.

Μόνοι και μαζί.

Όλα κυλάνε ίδια
δεν έχουν τι να πουν
δεν ξέρουν αν είναι μέρα ή βράδυ.

Ακουμπάει ο ένας τον άλλον
για να δουν αν ζουν
ή αν πέθαναν
και δεν το κατάλαβαν.

Μοιάζουν μεταξύ τους
οι φωνές τους είναι ίδιες
έχουν τα ίδια πρόσωπα
τις ίδιες κινήσεις
μέρα με την μέρα
πιο μονότονες
και συγκεκριμένες.

Λες κι όλα να έχουν πάει καλά
και να τα έχουν καταφέρει.

Προχωράνε
σαν μια μακρινή ανάμνηση
που δεν θυμίζει τίποτα.

Φτάνουν σε σπηλιές
κάνουν ένα βήμα

Οι σπηλιές κάνουν ένα βήμα κι αυτές

Πάνε πιο γρήγορα

Οι σπηλιές το ίδιο βασανιστικά
όχι λιγότερο, ούτε περισσότερο
τους ακολουθούν

Τρέχουν πίσω τους
τις κυνηγάνε
κυνηγάνε την ζωή τους.

Θέλουν να φτιάξουν κάτι
δεν τολμάνε.

Κάνουν σχέδια
τα εγκαταλείπουν.

Ασχολούνται με άλλα
τα παρατάνε.

Χωρίζονται σε κομμάτια
που το καθένα βλέπει
από τον δικό του ορίζοντα

Την αρχή και το τέλος
όσων συμβαίνουν
και όσων μπορούν να συμβούν

Κομματιασμένα σε άπειρα άλλα
που στο τέλος είναι ελάχιστα
και δεν έχουν σημασία.

Δεν ακούνε.
Δεν κοιτάζουν.
Δεν συμφωνούν.
Δεν διαφωνούν.

Τους ξυπνάνε προσδοκίες
ενός κόσμου που κρύβεται
και είναι μοναδικός.

Χαμένος παράδεισος
με περίεργα πουλιά
πολύχρωμα δέντρα
φιλόξενους ιθαγενείς.

Ξεκινάνε ένα ταξίδι
με παγωμένο καράβι.

Γεμίζουν βαλίτσες με αλλαξιές
τις βάζουν κάτω, πιο κάτω
εκεί που κρύβουν τον εαυτό τους.

Αναχωρούν με σάλπισμα
στις δώδεκα
και δώδεκα λεπτά
και δώδεκα δευτερόλεπτα
με γέλια κακαριστά
για μια νέα ζωή

Στο νερό
νερό
και μετά πάλι νερό
τίποτα άλλο από νερό

Από τους ουρανούς
από μια γη που αναβλύζει
και δεν την πλησιάζουν
γιατί είναι ήδη νερό.

Πλέουν
με φωτεινές κόκκινες λάμπες
ριζωμένες στο μυαλό τους
σαν πέτρα που δεν λέει να βγει.

Οι χαμένοι παράδεισοι
δεν φαίνονται πουθενά.

Επιστρέφουν στο ίδιο σημείο.

Βουτάνε σε άδειους φάρους.

Το νερό ψηλώνει
δεν τελειώνει.

Δεν ξέρουν αν το ταξίδι
έχει προορισμό
αν θα κάνουν ένα άλλο
το ίδιο ατελείωτο.

Τίποτα δεν έχει σημασία
κι όλα αποκτούν.

Οι μέρες γίνονται βράδια
και τα βράδια θύμηση
που την διώχνουν με λευκά μαντίλια.

Λούζονται
αερίζουν τα σκεπάσματα.

Εξαιρετικοί, εκλεπτυσμένοι
στέκονται στις μύτες των ποδιών τους.

Τρώνε με ακριβά μαχαιροπίρουνα
και πορσελάνες που κροταλίζουν
κρέατα καταραμένα
όστρακα από ποτάμια πνιγμένα
γλυκά δυστυχισμένα.

Στέλνουν στο ταχυδρομείο
όσους πεθαίνουν
γιατί είναι όλα δηλητηριασμένα.

Δεν έχουν που να πάνε
ή που να επιστρέφουν.

Μηδαμινοί και τέλειοι
κόβουν τα κομμάτια τους
για να μην μείνει τίποτα.

Έτοιμοι, δοσμένοι
προσιτοί κι απρόσιτοι.

Τα μάτια, τα αφτιά
τα χείλη, τον λαιμό
το δέρμα, τα αγαπημένα μέλη.

Στέκονται
απόμακροι, συγκεκριμένοι
στον χρόνο, τον πιο βαρύ χρόνο
αυτόν ανάμεσα στο παρόν και το μέλλον
ως το απεχθές.

Αντικρίζουν φαντάσματα.

Βλέπουν τα πόδια
τα δάχτυλα ένα ένα.
Μετά τα πέλματα
να πατάνε σε κύματα.
Τις γάμπες, τους μυς
το αδρό δέρμα.
Τους γλουτούς, τις σχισμές
τους ίδιους τους γκρεμούς.
Τα στήθη, αβαθή, σμιλεμένα.
Τα πρόσωπα που ριζώνουν στο νερό
στα ανεκπλήρωτα.
Τα μαλλιά που ανεμίζουν.
Τα σκουριασμένα μάτια.

Τον χαμένο χρόνο που κυκλώνει.

Δένουν τα μάτια τους
ψάχνουν.
Ανοίγουν τα παράθυρα
πέφτουν.
Ψηλώνει ο σωρός
κρύβει τον ορίζοντα.

Ζητάνε συγγνώμη
πριν γίνουν αέρας
και πεθάνουν

Μακριά στο παγωμένο καράβι.

Και ομορφαίνουν
γιατί κι οι νεκροί μπορούν να ομορφαίνουν.

III.

Το ημερολόγιο

Το μόνο πράγμα
που μας κρατούσε στην ζωή
ήταν η ιδέα
του θανάτου.

Ότι ο θάνατος
δεν είναι μια στιγμή.

Είναι σήμερα
αύριο
χθες.

Κι ότι η μόνη στιγμή
που δεν θα αισθανόμασταν
τον θάνατο
θα ήταν η στιγμή
του θανάτου μας.

Πως όλη αυτή η δημιουργία
δεν υπάρχει
αν εμείς
δεν πούμε ότι υπάρχει.

Γιατί όλα είναι θάνατος
αν θέλουμε να είναι
θάνατος.

Όταν μυρίσαμε τον θάνατο
όταν από τα ρουθούνια μας
δεν έβγαινε αέρας
αλλά η ιδέα του θανάτου
τότε καταλάβαμε
ότι η ίδια η ζωή
είναι ψέμα.

Η μεγαλύτερη πλάνη
δεν βρισκόταν στο ότι φοβόμασταν
τον θάνατο
αλλά ότι κάθε λεπτό
κάθε στιγμή
ο θάνατος κρύβεται
γιατί τον κρύβουμε.

Γιατί αν ήταν φανερός
θα χάναμε τον φόβο
Χωρίς αυτόν
δεν μπορούμε να ζήσουμε
Γιατί ο φόβος
κρύβει την αλήθεια.

Πρώτη φορά κοιτάξαμε τα μάτια του
τα μάτια του θανάτου
όχι όταν συνηθίσαμε
το βλέμμα του
στο βλέμμα μας
αλλά όταν τα σπλάχνα μας
έμαθαν να γίνονται
νερό
βροχή
ένα ποτάμι
για να βαπτίζεται
κάθε φορά που έβλεπε μέσα μας
για να μάθει να πιστεύει
σε εμάς.

Και είδαμε τα μάτια του
όλες τις άλλες μέρες
να μας κοιτάζουν
και να γίνονται κηδεία.

Και δεν κάναμε τίποτα.

Όχι γιατί δεν θέλαμε
να κάνουμε τίποτα
αλλά γιατί ξέραμε
ότι δεν μπορεί
ο θάνατος
να σταματήσει

Γιατί αν πεθαίναμε
θα ζούσε.

Κανείς μας δεν του πρόσφερε το σώμα
κανείς μας δεν του έδωσε το σώμα του
σαν ένα κομμάτι σώμα
τόσο κοντά στον θάνατο
στον θάνατο
που μας έκανε να ζούμε
και ήταν εκεί
σε έναν λαβύρινθο
που οδηγούσε στην ψυχή.

Κρύβαμε καιρό
το νόημα του κρυμμένου
κρύφτηκε
Έγινε αυτή η κηδεία
που είχαμε για μάτια
που δεν ήταν από θλίψη
αλλά γιατί
χάθηκε.

Όπως οι σταγόνες
ή τα δάκρυα
ή ο πάγος
που όταν λιώνουν
δεν είναι πια δάκρυα
σταγόνες
ή πάγος
αλλά αυτό που νιώθουν οι άνθρωποι
όταν η ζωή τους τελειώνει
και δεν κατάφεραν να την ζήσουν.

Όσο δεν τολμούσαμε τον θάνατο
στην ιδέα του θανάτου
τον σκορπίζαμε
στην θύμησή του
που τον ξεπερνούσε
και έκανε τους νεκρούς
ζωντανούς
έστω σαν αέρα.

Σε μια γέφυρα
που φτιάχναμε
και ένωνε
αυτό που λέμε ζωή
κι αυτό που λέμε θάνατο.

Εκεί που οι ζωντανοί
έμοιαζαν με πεθαμένοι
κι οι πεθαμένοι
με ζωντανοί.

Κανείς δεν αντέχει τόση ασχήμια.

Γιατί αυτό που θέλαμε
αυτό που παίρναμε
Ήταν αυτό που χάναμε.

Όποιος κι αν κάνει το ίδιο
καμιά επανάληψη
δεν μπορεί να ξεπεράσει την μοναξιά
να καλύψει το κενό.

Το κενό του θανάτου μένει
μένει ό,τι δεν αρπάξαμε
ο θάνατος.

ΤΟ ΒΙΒΛΙΟ «ΤΗΣ ΕΡΗΜΙΑΣ
ΚΑΙ ΤΟΥ ΣΚΟΤΟΥΣ» ΤΟΥ ΚΩΣΤΑ ΤΖΙΡΑ
ΤΥΠΩΘΗΚΕ ΚΑΙ ΒΙΒΛΙΟΘΕΤΗΘΗΚΕ
ΓΙΑ ΛΟΓΑΡΙΑΣΜΟ ΤΩΝ ΕΚΔΟΣΕΩΝ ΣΤΕΓΗ
contact: ekdoseisstegi@gmail.com

* 9 7 8 6 1 8 8 6 5 0 4 0 4 *